SOMMAIR

D1363476

1 - La dame à la mode — p.5

2 - Le joli pull — p.17

3 - Gulu "story" — p.31

4 - Le vélo de Petit Malin — p.49

5 - Le gulu et le chocolat — p.61

6 - L'animal d'Ali — p.75

7 - Madame **i** a la grippe — p.87

8 - La bulle de monsieur **o** — p.99

9 - Les frites de madame **i** — p.111

10 - La chute de Lili la chipie — p.125

11 - Sorcière, tu dors ? — p.137

La dame à la mode

La dame
achète
une robe.

La robe
se déchire.

Un bêta
rigole.

12

La dame
se fâche.

Le joli pull

Le bêta

a volé

un pull.

Il lave
le pull.

Il sèche
le pull.

Il passe
le petit pull.

furiosa

regarde

le bêta.

Gulu
"story"

Le gulu
se lève.

Il se lave.

Il avale
un bol de
chocolat.

Il part
à l'école.

Il rate

le bus.

Il arrive
en retard.

martine
se fâche.

46

Le vélo de Petit Malin

Le **b**êta
a cassé
le vélo de
Petit *Malin.*

Le vélo n'a plus de pédales.

La fée
répare
le vélo.

Petit *Malin*

sèche

ses larmes.

Le gulu et le chocolat

Le gulu
avale trop
de chocolat.

Il est
malade.

Il dort mal.

Il rêve
de chocolat.

La fée
lui donne
du sirop.

Petit *Malin*

arrive

à l'école.

Ali est déjà dans la classe.

Oli a pris
sa vache
avec lui.

Martine est
très fâchée.

Madame **i** a la grippe

madame i

se promène

avec

sérénité.

Elle n'a pas prévu la pluie.

Elle n'a
pas pris de
parapluie.

Madame i
n'arrive
plus à dire
un mot.

La bulle de monsieur O

Monsieur O admire sa plus grosse bulle.

La bulle arrive sur la tartine de *monsieur* a.

monsieur a ôte la bulle : elle éclate !

Monsieur O
est triste.

Les frites de madame i

Le frigo

est vide.

madame i

a une

marmite et

de l'huile.

madame i

attrape

sa patate.

madame i
prépare
des frites.

Petit Malin
se régale.

La chute de Lili la chipie

Lili la chipie
détale vite.

Elle a mis
un pétard
dans
la sacoche
d'Arthur
Fracasse.

130

Elle trébuche
et rate
une marche.

Elle bascule sur un stupide bêta.

Sorcière, tu dors ?

furiosa

a puni

le petit

bêta.

Elle allume
la télé
et regarde
un film.

Un bêta lui donne un somnifère.

Les bêtas
rigolent
et avalent
des tonnes
de biscuits.

POUR ALLER PLUS LOIN DANS LA LECTURE,

retrouvez :

Le recueil de textes Niveau 1 Volume 2

Pour consolider le processus de lecture, l'enfant pourra découvrir dans un deuxième volume neuf histoires un peu plus longues mais de même niveau de difficulté.

Le recueil de textes Niveau 2

Ce recueil de huit histoires permettra d'aborder les correspondances « phonèmes-graphèmes » plus complexes (« ou », « an », « on »...).

La collection « Mes premières lectures »

propose trois ouvrages pédagogiques innovants particulièrement bien adaptés à l'exercice souvent laborieux des premières lectures.

En effet, leur conception appropriée aux jeunes lecteurs débutants offre des conditions optimales pour le renforcement et l'automatisation progressive des processus de lecture.

Pour aborder le niveau 3 de la méthode de lecture LES ALPHAS, retrouvez la collection **Apprendre à lire avec LES ALPHAS**

ISBN : 9782366470758 - Tous droits réservés pour tous pays.
« Loi n°49-956 du 16 juillet 1949 sur les publications destinées à la jeunesse. »
Achevé d'imprimer en France par SEPEC en mai 2023 - 27425230403.
Dans un souci de respect de l'environnement, ce document est imprimé sur un papier certifié.
© Éditions Récréalire 2023 - Dépôt légal : septembre 2019.

PEFC 10-31-1470 / Certifié PEFC / Ce produit est issu de forêts gérées durablement et de sources contrôlées. / pefc-france.org